Marie-Claire Frédéric

Cuisine bling bling

Photographies d'Aimery Chemin

Stylisme d'Emmanuel Renault

Emmanuel Renault remercie très chaleureusement :
Petrossian, Caviar et Produits d'Exception, Paris ;
Ligne Claire Décoration, Paris.

ISBN : 978-2-7540-0992-8
Dépôt légal : novembre 2008
Imprimé en France - n° L47990
Édition : Aurélie Starckmann
Conception graphique : Istria
Photos © Aimery Chemin
Pictogramme © Pascale Etchecopar

Nous nous efforçons de publier des ouvrages qui correspondent à vos attentes et votre satisfaction est pour nous une priorité. Alors, n'hésitez pas à nous faire part de vos commentaires :

Éditions First
60, rue Mazarine
75006 Paris – France
e-mail : firstinfo@efirst.com
Site internet : www.efirst.com

Sommaire

Introduction

« Bling bling » est un terme issu du jargon hip-hop. Il désigne les bijoux et l'habillement exubérant de certains rappeurs, ainsi que le style ostentatoire et excessif de leur mode de vie. « Bling bling », c'est l'onomatopée des chaînes en or qui cliquètent. Le sens a aujourd'hui dérivé pour devenir synonyme d'étalage tapageur de richesses. Vous l'avez compris, être bling bling, c'est vouloir épater la galerie.

Alors, puisque la mode nous y invite, allons-y franchement et dans l'humour : jusque dans nos assiettes ! Ébahissons nos amis et cuisinons bling bling.

La cuisine bling bling inspire évidemment des plats fastueux, élaborés à partir de produits de luxe : homards, langoustes, caviar et truffe sont de la fête. Mais les recettes de ce livre ne font pas systématiquement appel à des produits chers. L'épate n'est pas toujours dans le prix, elle est aussi dans la préparation du plat et dans la mise en scène.

On peut jouer l'opulence à l'aide de quelques astuces : une petite truffe de 10 g parfume admirablement un plat pour 4 personnes. Moins de 3 g par personne, la portion reste abordable. Ultime artifice : l'omelette à la truffe sans truffe. Il suffit de laisser les œufs enfermés pendant une nuit dans un bocal avec une truffe. La coquille, poreuse, en laisse pénétrer l'arôme. Le lendemain, faites l'omelette, les invités s'extasient, et votre truffe intacte servira pour un autre plat !

De même, un homard, ou une langouste, comme les langoustines, fournissent la matière de deux repas : on déguste d'abord la chair, puis on fait une bisque sublime avec la carapace. Si l'état de vos finances ne vous permet pas ce genre de folies, sachez qu'on peut toujours utiliser des ingrédients moins onéreux que ceux indiqués. De grosses crevettes à la place du homard ou de la langouste, de la limande au lieu de la sole, du poulet pour remplacer le pigeon : en un mot, bluffez, et vos invités n'y verront que du feu.

Surtout si vous vous rattrapez sur la présentation. Un plat bling bling doit toujours être joli à regarder. Lâchez-vous sur le décor, donnez dans le kitsch. Sortez la belle vaisselle, les cristaux, l'argenterie, même en toc ! Habillez les viandes ou les poissons de feuilles d'épinards ou de chou, enveloppez-les de croûtes dorées, apportez-les à table tout flambants ou, mieux : apprenez à sculpter les légumes !

Même les mises en scène simples peuvent être bluffantes. Agrémentez les plats de tout un tralala de petits fruits ou légumes noués en fagots ou enfilés sur des brochettes. Décorez à outrance : découpez les carottes en fleurs, cannelez les concombres, faites des roses en enroulant des peaux de tomate. Et, côté desserts, époustouflez avec des mousses aériennes, des fils de caramel, des assemblages de fruits ou des présentations superposées dans des verres, qui font toujours leur petit effet.

Avec les recettes de ce livre, préparez-vous à recevoir les applaudissements de vos invités : car si la cuisine bling bling en jette, elle tient aussi toutes ses promesses !

Retrouvez l'auteur sur son blog : www.dumieletdusel.canalblog.com.

Les préparations qui décoiffent

Une mousseline de poisson bluffante

500 g de chair de poisson sans peau ni arêtes
3 blancs d'œufs
50 cl de crème liquide très froide
sel - poivre du moulin

Les ingrédients doivent être très froids. Mixez finement la chair du poisson, puis transférez-la dans un saladier préalablement passé 30 minutes au congélateur. Tout en fouettant vivement, incorporez les blancs d'œufs puis la crème. Vous obtenez une masse lisse et onctueuse. Assaisonnez-la, utilisez-la comme indiqué dans la recette.

Un fumet de homard époustouflant

la carapace du homard (tête, queue, pattes) concassée
1 oignon
1 carotte
2 échalotes
2 cuil. à soupe d'huile d'olive
5 cl de cognac
15 cl de vin blanc sec
1 bouquet garni
sel - poivre de Cayenne

Faites revenir la carapace et les légumes émincés à feu vif dans l'huile d'olive jusqu'à légère coloration. Versez le cognac, enflammez. À l'extinction des flammes, mouillez de vin blanc et couvrez d'eau à hauteur. Ajoutez le bouquet garni. Assaisonnez. Faites bouillir 45 minutes.
Mixez, puis passez en pressant afin de récupérer tous les sucs. Remettez le fumet dans la casserole. Rectifiez l'assaisonnement.
Pour faire une bisque, vous ajouterez de la crème liquide au dernier moment.

Décortiquer un homard ou une langouste avec élégance

Un bon homard est breton, nerveux, lourd, à la carapace dure et foncée. Aucune patte ne manque. Les articulations sont claires et gonflées. On rejette les mous, apathiques, ternes, aux articulations concaves.

Plongez le homard la tête la première 2 minutes dans une grande casserole d'eau bouillante. Égouttez-le.
Séparez la tête de la queue. Fendez la tête en deux dans la longueur, éliminez l'intérieur, sauf la partie crémeuse gris clair qui pourra servir à lier une sauce, ainsi que les œufs sous la queue. Récupérez aussi le jus.
Coupez la carapace de la queue avec des ciseaux, puis extrayez la chair en un seul morceau. Tronçonnez la queue en médaillons, ou alors coupez-la longitudinalement. Cassez les pinces avec le dos de la lame d'un gros couteau.

Déveiner un foie gras sans coup férir

Le foie gras doit être bien froid, il sera alors moins fragile à manipuler. Fendez les lobes avec un couteau et repérez la grosse veine rouge. Suivez-la avec un petit couteau pointu, tout en tirant doucement pour l'éliminer. N'essayez pas de retirer les petites veinules. Grattez seulement les zones rouges.
On ne déveine pas un foie gras destiné à être poêlé.

Les préparations qui recoiffent

Un biscuit dacquoise digne d'un pro

- 3 blancs d'œufs
- 15 g de sucre
- 75 g de noisettes en poudre
- 30 g d'amandes en poudre
- 70 g de sucre glace

Fouettez les blancs d'œufs en neige ferme en leur incorporant le sucre à mi-parcours. Mêlez les noisettes, les amandes et le sucre glace, saupoudrez-les sur les blancs et incorporez-les délicatement. Versez cette pâte dans un moule, ou sur une plaque, et faites cuire 20 minutes à 180 °C.

Une pâte à choux de star

- 25 cl d'eau
- 5 g de sel
- 5 g de sucre
- 125 g de beurre
- 150 g de farine
- 4 à 5 œufs

Préchauffez le four à 180 °C. Dans une casserole, portez à ébullition l'eau avec le sel, le sucre et le beurre. Dès l'ébullition, ajoutez d'un seul coup la farine. Remuez vivement à la cuillère en bois jusqu'à ce que la pâte se détache de la paroi. Transvasez dans un grand saladier et incorporez les œufs un par un en battant vivement entre chaque œuf. La pâte est prête lorsqu'elle forme un bec au bout de la spatule.

Utilisez cette pâte immédiatement. À vous, les éclairs et les profiteroles !

Une meringue italienne digne de Michel Ange

Fouettez les blancs d'œufs en neige molle à l'aide d'un batteur électrique. Mettez le sucre et 2 cuillerées à soupe d'eau dans une casserole. Portez à ébullition et faites cuire jusqu'à 120 °C (5 minutes d'ébullition). Versez le sirop bouillant sur les blancs, tout en fouettant à la vitesse maximale. Continuez de fouetter jusqu'à refroidissement.

The crème fouettée

Utilisez de la crème liquide entière, l'allégée ne convient pas. Placez-la au réfrigérateur au moins 2 heures avant de commencer. S'il fait chaud, placez le bol et le fouet dans le congélateur pendant 30 minutes. Fouettez la crème jusqu'à ce qu'elle devienne mousseuse et tienne bien autour des branches du fouet.

La crème Chantilly est une crème fouettée additionnée de vanille et de sucre glace.

Frou-frou place Vendôme au cappuccino d'asperges

bon marché • facile à réaliser • préparation : 20 min • repos : 2 h • cuisson : 15 min • pour 4 personnes

1 grande et 1 petite casserole
1 passoire fine
1 mixeur
1 bol et 1 saladier
1 fouet
4 ramequins

20 cl de crème liquide
40 g de parmesan râpé
1 petit bouquet de cerfeuil
1 cuil. à café de baies roses
16 belles asperges vertes
1 échalote
50 g de mascarpone
8 feuilles de brick
80 g de beurre
quelques copeaux de parmesan et tiges de ciboulette
sel - poivre du moulin

1 Avant de commencer, portez la crème à ébullition. Ajoutez le parmesan, laissez infuser jusqu'à refroidissement, puis passez la crème et placez-la au réfrigérateur pendant au moins 2 heures. Fouettez ensuite cette crème en chantilly bien ferme. Salez, poivrez et incorporez 2 cuillerées à soupe de cerfeuil ciselé et quelques baies roses écrasées.

2 Coupez la pointe des asperges à 4 cm, puis la tige en tronçons. Faites cuire les tiges à l'eau bouillante salée pendant 5 minutes, les pointes pendant 3 minutes. Réservez ces dernières. Mixez les tiges avec l'échalote ciselée et le mascarpone. Laissez refroidir. Goûtez, assaisonnez.

3 Peu avant de servir, taillez le bord des feuilles de brick en pointes avec des ciseaux. Badigeonnez-les de beurre fondu. Superposez-les par deux dans des ramequins beurrés, en décalant les pointes et en les froissant joliment. Faites cuire dans le four préchauffé à 180 °C jusqu'à ce qu'elles soient bien dorées. Sortez-les et démoulez, elles vont garder leur forme.

4 Remplissez les tulipes avec la purée d'asperges. Garnissez de chantilly, piquez dedans les pointes d'asperge. Décorez de beaux et grands copeaux de parmesan, de brins de ciboulette et de baies roses.

ça n'en jette pas assez ?

À la place des feuilles de brick, présentez les asperges dans des verres en cristal.

du bluff, sinon rien

Si les invités s'extasient, précisez que vous avez utilisé un épluche-légumes en alliage de titane, prototype fabriqué par la Nasa en trois exemplaires seulement dans les années 1960, et que les deux autres seraient restés sur la lune.

Médaillons de homard sans la gourmette

cher • facile à réaliser • préparation : 20 min • cuisson : 15 min • pour 4 personnes

1 grande casserole
1 bol
ciseaux de cuisine

600 g de pommes de terre rattes

1 échalote

3 cuil. à soupe de vinaigre balsamique

4 cuil. à soupe d'huile d'olive

1 cuil. à soupe de persil ciselé

1 petite truffe (10 g)

4 homards de 500 g environ chacun

2 petites tomates

20 g de beurre

sel - poivre du moulin

1 Faites cuire les pommes de terre à l'eau salée jusqu'à ce qu'elles soient tendres. Égouttez-les et pelez-les, puis coupez-les en rondelles bien régulières.

2 Préparez la vinaigrette : émincez finement l'échalote. Émulsionnez le vinaigre, l'huile d'olive, du sel et du poivre. Incorporez l'échalote, le persil et la truffe râpée. Versez cette vinaigrette sur les pommes de terre chaudes.

3 Plongez les homards la tête la première dans une grande casserole d'eau bouillante salée, laissez-les cuire 2 minutes. Égouttez-les, laissez refroidir. Décortiquez les queues et les pinces à l'aide de gros ciseaux de cuisine. Taillez les queues en médaillons. Pelez et épépinez les tomates, puis taillez la chair en dés.

4 Disposez les rondelles de pomme de terre en rosace sur les assiettes. Éparpillez les dés de tomate. Poêlez les médaillons et les pinces de homard dans le beurre chaud pendant 2 minutes sur feu vif. Dressez les médaillons et les pinces sur les pommes de terre. Servez tiède.

ça n'en jette pas assez ?

Si vous ne trouvez pas de homard breton, le meilleur, le seul, l'unique, servez simplement la salade de pommes de terre et dites que votre bateau n'a pas pu prendre la mer. Elle est délicieuse aussi toute seule. Ou alors avec des sardines à l'huile, mais servies le petit doigt en l'air.

du bluff, sinon rien

Soyez un peu pingre, mais ne le dites pas ! Conservez la carcasse des homards pour faire un délicieux fumet, que vous pourrez congeler, et qui sera une base inoubliable pour toutes vos sauces de poissons, ou encore pour une bisque : rendez-vous page 6.

Terrine dorée à l'or rose

bon marché • facile à réaliser • préparation : 45 min • cuisson : 1 h • repos : 2 h • pour 6/8 personnes

1 casserole
1 terrine de 1,5 l
1 poêle
1 mixeur
1 saladier

100 g de carottes en dés

100 g de haricots verts en tronçons

200 g de feuilles d'épinards équeutées

20 g de beurre

2 queues de langouste surgelées

2 cuil. à soupe d'huile d'olive

sel - poivre du moulin

Pour la mousseline :

500 g de filet de saumon sans peau ni arêtes

3 blancs d'œufs

50 cl de crème liquide très froide

1 Cuisez les carottes et les haricots verts 3 minutes à l'eau salée. Ébouillantez les épinards 30 secondes, égouttez-les, rafraîchissez-les dans de l'eau glacée, puis étalez-les sur un linge. Chemisez le fond et les bords d'une terrine beurrée avec des feuilles d'épinards. Allumez le four à 150 °C.

2 Poêlez les queues de langouste décortiquées dans l'huile d'olive sur feu vif pendant 4 minutes, en les tournant sur toutes les faces. Essuyez-les ensuite avec du papier absorbant avant de les emballer dans des feuilles d'épinards.

3 Faites la mousseline de poisson selon la recette page 6. Ajoutez les carottes. Versez-en la moitié dans la terrine, en intercalant des haricots verts placés dans la longueur. Posez dessus les deux queues de langouste tête-bêche, puis versez le reste de farce, de haricots verts, et recouvrez de feuilles d'épinards.

4 Faites cuire la terrine au bain-marie dans le four pendant 1 heure. Laissez-la reposer ensuite à température ambiante pendant 2 heures, puis entreposez-la au froid jusqu'au moment de servir. Démoulez la terrine puis tranchez-la.

ça n'en jette pas assez ?

Montrez ostensiblement votre côté grand seigneur : ajoutez sur l'assiette quelques gouttes de vinaigre balsamique que vous aurez fait réduire tout doucement dans une casserole jusqu'à ce qu'il devienne sirupeux et qu'il n'en reste plus que la moitié.

du bluff, sinon rien

Même si votre langouste est surgelée, dites que vous l'avez pêchée vous-même dans les eaux pures et claires des Caraïbes le week-end dernier.

Huîtres aux perles noires sur lit de cristaux

un peu cher • facile à réaliser • préparation : 20 min • cuisson : 1 min • pour 4 personnes

1 couteau à huîtres
1 passoire fine
1 casserole

16 huîtres n° 2
le jus de 1/2 citron
250 g de crème épaisse d'Échiré ou d'Isigny
20 à 40 g de caviar
1 kg de gros sel pour la présentation
sel - poivre blanc

Ouvrez les huîtres et jetez leur première eau. Attendez 15 minutes, elles vont en sécréter une autre plus limpide. Versez-la dans une casserole à travers une passoire fine pour éliminer les débris de coquille.

Ajoutez le jus de citron et portez à frémissement. Faites-y pocher les huîtres pendant 1 minute, feu éteint.

Lavez et essuyez les coquilles vides et calez-les sur les assiettes de service garnies de gros sel. Remettez une huître dans chaque coquille.

Salez et poivrez légèrement la crème fraîche. Versez-en 1 cuillerée sur chaque huître, puis garnissez chacune de quelques grains de caviar.

Tatin pas toc au foie gras et raisins

bon marché • facile à réaliser • préparation : 30 min • macération : 2 h • cuisson : 45 min • pour 6 personnes

1 bol - 1 poêle
1 moule à manqué

120 g de gros raisins secs moelleux
10 cl de pineau des Charentes blanc
800 g de pommes granny smith
3 cuil. à soupe de graisse d'oie ou de canard
50 g de sucre
300 g de foie gras de canard mi-cuit
1 rond de pâte feuilletée
fleur de sel - poivre du moulin

Faites macérer les raisins dans le pineau pendant au moins 2 heures. Allumez le four à 200 °C.

Pelez et épépinez les pommes, puis coupez-les en quartiers. Faites-les revenir avec la graisse d'oie dans une poêle sur feu vif pendant 5 minutes en remuant de temps en temps jusqu'à ce qu'elles soient dorées. Saupoudrez de sucre et laissez caraméliser quelques minutes.

Coupez la moitié du foie gras en lamelles. Remplissez le moule en alternant les pommes, les lamelles de foie gras et les raisins macérés. Recouvrez avec la pâte, faites glisser les bords à l'intérieur du moule. Piquez régulièrement la pâte avec une fourchette.

Faites cuire la tatin pendant 30 minutes dans le four, puis démoulez-la sur un plat. Répartissez le reste du foie gras en petits morceaux sur la tarte (celui qui est à l'intérieur a fondu et a été absorbé par les pommes) et saupoudrez de fleur de sel et de poivre du moulin.

Terrine rougets-foie gras : ce n'est pas de la camelote

un peu cher • facile à réaliser • à commencer 24 h à l'avance • préparation : 45 min • cuisson : 45 min • pour 6/8 personnes

1 mixeur
1 saladier
1 terrine d'environ 1,5 l
1 grand plat à gratin

300 g de foie gras cru dénervé

1 carotte râpée (sur une grosse râpe)

4 cuil. à soupe de ciboulette ciselée

6 beaux filets de rouget

sel - poivre du moulin

Pour la mousseline :

350 g de filet de merlan sans peau ni arêtes

2 blancs d'œufs

350 g de crème liquide très froide

1 Taillez le foie gras en tranches d'environ 1,5 cm d'épaisseur, puis salez-les et poivrez-les. Préparez la mousseline selon la recette page 6. Incorporez la carotte et la ciboulette.

2 Chemisez une terrine beurrée avec du papier sulfurisé dépassant largement les bords. Beurrez le papier. Salez et poivrez les filets de rouget et allongez-les, côté peau vers le fond de la terrine.

3 Remplissez de mousseline de poisson, puis lissez et recouvrez avec le foie gras. Tassez légèrement en tapotant la terrine contre la table. Couvrez le tout avec une feuille de papier sulfurisé.

4 Faites cuire dans le four préchauffé à 150 °C, au bain-marie, pendant 45 minutes environ. Laissez refroidir et placez au moins une journée au réfrigérateur avant de démouler et de trancher la terrine.

ça n'en jette pas assez ?

Si l'association rouget et foie gras ne vous semble pas assez osée, vous pouvez aussi essayer d'ajouter de la confiture de fraise. Mais n'invitez alors que des amis extrêmement branchés, les autres ne comprendraient pas forcément votre génie.

du bluff, sinon rien

Passez pour un grand chef en exhibant votre thermomètre de cuisson avec sonde, c'est le moment ou jamais de l'utiliser : dès que la température à cœur de la terrine atteint 70 °C, vous pouvez arrêter la cuisson.

Coussin de foie gras pour épingler les médailles

cher • un peu délicat à réaliser • à commencer 48 h à l'avance • préparation : 45 min • cuisson : 45 min • pour 6 personnes

1 plat creux
1 moule à cake de 1 l
1 casserole

1 foie gras de canard de 500 g déveiné

10 cl de gewurztraminer vendanges tardives

500 g de pâte à brioche (à commander chez le pâtissier)

20 g de beurre pour le moule à cake

1 œuf

20 cl de bouillon de volaille

4 feuilles de gélatine

quelques grains de raisin pour la présentation

fleur de sel - poivre du moulin

1 Salez et poivrez le foie gras, puis mettez-le dans un plat creux. Arrosez de 2 cuillerées à soupe de gewurztraminer et laissez macérer 24 heures. Le lendemain, étalez les 3/4 de la pâte à brioche et tapissez-en le fond et les bords d'un moule à cake beurré. Placez-y le foie gras, puis rabattez la pâte sur lui. Couvrez du reste de pâte étalée en rectangle.

2 Laissez lever dans un endroit tiède jusqu'à ce que la pâte atteigne le bord du moule. Allumez le four à 180 °C. Dorez la pâte avec l'œuf battu, puis faites cuire la brioche en bas du four pendant 45 min. Après la cuisson, laissez refroidir et placez au réfrigérateur.

3 Faites bouillir le bouillon et le vin restant. Incorporez les feuilles de gélatine préalablement ramollies dans de l'eau froide puis essorées. Laissez refroidir à température ambiante. Découpez avec un couteau pointu un petit cercle dans le couvercle de la brioche.

4 Versez la gelée dans ce trou, replacez le cercle et mettez au réfrigérateur pendant au moins 4 heures. Coupez la brioche en tranches et présentez-la sur une assiette garnie de fleur de sel et de poivre du moulin, et décorez de demi-grains de raisin.

ça n'en jette pas assez ?

Décorez la surface de la brioche avec quelques feuilles d'or achetées chez un fournisseur pour pâtissiers professionnels. Si cela ne suffit pas, cachez un gros bijou à l'intérieur du foie, pour amuser les invités.

du bluff, sinon rien

On ne manquera pas d'expliquer aux invités la facilité que l'on aura eue à préparer la pâte à brioche, avec votre nouveau pétrin électronique en pur bakélium pressurisé.

Pâté d'oie haute couture

bon marché • facile à réaliser • à commencer 48 h à l'avance • préparation : 40 min • cuisson : 2 h, la veille • pour 6/8 personnes

1 torchon - 1 saladier
ficelle de cuisine
1 faitout

2 beaux magrets d'oie
1 bouteille de vin blanc
5 cl d'huile d'olive
1 oignon piqué de 2 clous de girofle
thym - laurier
500 g de foies de volaille en dés
300 g de veau haché
1 petit pain au lait
2 œufs
100 g de crème épaisse
1 chou frisé
20 g de beurre
3 l de bouillon de volaille
20 g de sel - 5 g de poivre - 1 pincée de quatre-épices

<u>Pour la sauce :</u>
100 g de foie gras mi-cuit
25 cl de crème

1 Faites macérer la chair d'oie coupée en dés avec le vin, l'huile, l'oignon piqué, du thym et 1 feuille de laurier pendant 1 nuit. Poêlez les foies de volaille dans le beurre. Hachez le gras des magrets. Mélangez-le avec le veau, les foies, les dés d'oie égouttés, le pain émietté, les œufs et la crème. Assaisonnez de sel, de poivre et de quatre-épices.

2 Nettoyez les feuilles du chou, ôtez les grosses côtes. Faites-les blanchir pendant 1 minute à l'eau bouillante salée. Disposez un torchon fin dans un grand saladier. Tapissez de feuilles de chou, puis remplissez avec la farce et recouvrez le tout de feuilles de chou. Refermez le linge et ficelez.

3 Ajoutez la marinade dans le bouillon et portez à ébullition. Plongez-y le pâté et cuisez-le pendant 2 heures. Laissez-le ensuite refroidir complètement dans le bouillon et placez le tout 24 heures au réfrigérateur. Retirez la graisse remontée en surface. Égouttez le pâté et retirez le linge.

4 Pour la sauce, prélevez 1 louche de bouillon de cuisson. Faites-y fondre sur feu doux le foie gras coupé en petits morceaux. Ajoutez la crème et rectifiez l'assaisonnement. Servez le pâté en tranches, avec la sauce au foie gras.

ça n'en jette pas assez ?

On peut remplacer l'oie par un canard que l'on a chassé soi-même sur ses immenses domaines de Chantilly ou de Sologne, évidemment : cela permet de raconter quelques exploits à table.

du bluff, sinon rien

Faites vous-même le bouillon en faisant mijoter la carcasse de l'oie avec un bouquet garni, des carottes, des oignons, un poireau, du céleri pendant 3 heures dans un grand faitout d'eau bouillante. Le résultat en vaut la peine : applaudissements garantis !

Le consommé préféré du tsarévitch

cher • facile à réaliser • préparation : 45 min, en partie la veille • cuisson : 3 h la veille, 5 min le jour même • réfrigération : 2 h le jour même • pour 6 personnes

1 faitout - 1 casserole
1 passoire fine

1 queue de bœuf coupée en tronçons
500 g de carottes
1 poireau
1 oignon piqué de 3 clous de girofle
1 bouquet garni (thym, laurier, persil)
1 petite betterave rouge cuite
les feuilles d'1 bouquet de persil plat
60 g de crème épaisse
quelques pluches de cerfeuil
100 g de caviar
sel - poivre du moulin

Mettez dans un faitout la queue de bœuf avec tous les légumes épluchés et les aromates, du sel et du poivre. Couvrez d'eau et portez à ébullition. Écumez puis laissez cuire à frémissement pendant 3 heures.

Passez le bouillon. (Ne jetez pas la queue de bœuf et les légumes, cela se mange aussi.) Mettez le bouillon au réfrigérateur toute la nuit. Il va gélifier. Éliminez la graisse durcie en surface puis versez le bouillon dans une casserole.

Ajoutez la moitié du caviar, la betterave émincée et le persil. Portez à ébullition, puis retirez du feu et fouettez énergiquement. Laissez infuser 2 heures, puis filtrez et laissez refroidir au réfrigérateur. On sert le consommé froid, quand il commence à gélifier. Rectifiez l'assaisonnement.

Versez le consommé dans de belles tasses de service. Décorez la surface de 1 cuillerée de crème et de quelques grains de caviar.

La coq' baguée aux morilles

bon marché • un peu délicat à réaliser • préparation : 30 min • cuisson : 20 min • pour 4 personnes

1 bol
2 casseroles
1 plaque de cuisson
1 saladier

30 g de morilles séchées
10 cl de crème liquide
4 feuilles de brick
60 g de beurre
4 œufs
quelques brins de ciboulette
sel - poivre du moulin

Réhydratez les morilles pendant 30 minutes dans un bol d'eau tiède. Égouttez-les, coupez-les en morceaux, puis mettez-les dans une casserole avec la crème liquide, du sel et du poivre. Portez à ébullition et laissez infuser.
Découpez les feuilles de brick en rubans de 1 cm de large. Froissez-les et déposez-les en 4 nids sur la plaque du four doublée d'une feuille de papier sulfurisé. Aspergez de beurre fondu, puis faites-les colorer pendant 5 minutes dans le four à 200 °C. Ensuite, placez-les sur les assiettes de service.
Salez les œufs, battez-les légèrement avec 3 cuillerées à soupe d'eau de trempage des morilles. Beurrez abondamment un saladier et versez-y les œufs. Placez le saladier sur une casserole d'eau frémissante et faites épaissir les œufs en remuant constamment à la cuillère en bois.
Incorporez la crème fraîche et les morilles à mi-cuisson. Retirez du feu lorsque les œufs sont bien crémeux. Répartissez au centre des nids. Donnez quelques tours de moulin à poivre et décorez avec la ciboulette.

Risotto de diamants noirs

cher • facile à réaliser • préparation : 20 min • cuisson : 30 min • pour 4 personnes

1 cocotte
1 casserole

- 350 g de riz à risotto
- 2 échalotes
- 20 g de beurre
- 15 cl de vin blanc sec
- 1 l de bouillon de légumes
- 50 g de mascarpone
- 60 g de parmesan
- 2 truffes noires
- cerfeuil
- sel - poivre du moulin

1 Dans une cocotte, faites suer les échalotes ciselées dans le beurre. Versez le riz et remuez. Lorsque les grains deviennent transparents, mouillez avec le vin blanc. Salez, poivrez et portez à ébullition.

2 Quand le riz a absorbé le vin, versez du bouillon chaud à hauteur. Laissez cuire à feu doux environ 20 minutes, en remuant et en ajoutant du bouillon au fur et à mesure que le riz l'absorbe. Il doit être très crémeux.

3 En fin de cuisson, incorporez à l'aide d'une fourchette le mascarpone et la moitié du parmesan râpé. Râpez une truffe et incorporez-la dans le risotto hors du feu.

4 Détaillez le reste de parmesan en lamelles avec un économe et taillez aussi la dernière truffe en fines tranches. Répartissez le risotto dans des assiettes creuses et garnissez-le de lamelles de truffe et de parmesan. Décorez d'un brin de cerfeuil.

ça n'en jette pas assez ?

De la truffe, sinon rien. Si vous n'en trouvez pas, annulez les invitations sous un quelconque prétexte.

du bluff, sinon rien

Ce risotto doit se déguster avec une petite cuillère en vermeil.

Papillote de crevettes, avec bulles et sans pacotille

bon marché • délicat à réaliser • préparation : 20 min • cuisson : 15 min • pour 4 personnes

2 casseroles
1 fouet
1 torchon

16 grosses crevettes cuites décortiquées
8 belles feuilles de chou frisé
8 feuilles vertes de poireau
1 échalote
70 g de beurre
30 cl de champagne
4 jaunes d'œufs
3 cuil. à café de fumet de poisson déshydraté
sel - poivre du moulin

1 Coupez les feuilles de chou en deux en éliminant la grosse côte. Faites blanchir le chou et le poireau pendant 5 minutes dans de l'eau bouillante salée, puis plongez les feuilles dans de l'eau glacée. Étalez-les sur un linge. Emballez chaque crevette dans une demi-feuille de chou. Ficelez avec un ruban de poireau. Réservez.

2 Faites fondre l'échalote émincée dans 20 g de beurre. Mouillez avec le champagne et faites réduire de deux tiers le liquide.

3 Mettez les jaunes d'œufs dans une casserole sur feu très doux. Fouettez-les vigoureusement en ajoutant par cuillerées la réduction de champagne. Les jaunes moussent et triplent de volume. Ajoutez le reste de beurre en parcelles sans cesser de fouetter. Salez et poivrez.

4 Délayez le fumet de poisson dans 1 litre d'eau. Faites-y pocher les papillotes à frémissement et pendant 3 minutes. Versez un fond de sauce dans les assiettes et répartissez les papillotes par-dessus.

ça n'en jette pas assez ?

On remplace les crevettes par de la langouste et on ficelle les papillotes avec de petites gourmettes en or.

du bluff, sinon rien

Un champagne de grand cru et millésimé sera uniquement votre fierté personnelle, car il n'ajoutera rien à la sauce : un champagne ordinaire convient, hélas, très bien.

Cassette snob d'huîtres et saint-jacques

un peu cher • facile à réaliser • préparation : 30 min • cuisson : 25 min • pour 4 personnes

2 casseroles
1 couteau à huîtres
1 passoire fine
1 fouet

4 poireaux
100 g de beurre très froid en parcelles
10 cl de crème liquide
12 huîtres n° 2
20 cl de vin blanc sec
12 noix de coquilles Saint-Jacques
1 truffe
sel - poivre blanc

1 Nettoyez les poireaux en éliminant 2/3 du vert. Émincez-les. Faites-les fondre dans 20 g de beurre. Ajoutez la crème, couvrez et laissez cuire 20 minutes.

2 Ouvrez les huîtres et récupérez l'eau de mer. Filtrez-la. Versez le vin blanc et l'eau des huîtres dans une casserole et portez à la limite du frémissement. Faites-y pocher tour à tour pendant 30 secondes les saint-jacques et pendant 20 secondes les huîtres. Égouttez et réservez.

3 Portez le jus de cuisson à ébullition et faites-le réduire jusqu'à obtenir 1/2 verre de liquide. Incorporez d'un seul coup le beurre restant en fouettant vivement. Goûtez et rectifiez l'assaisonnement.

4 Répartissez la fondue de poireaux dans de jolies assiettes rectangulaires. Dressez harmonieusement les huîtres et les saint-jacques. Versez la sauce en traits et décorez de bâtonnets de truffe.

ça n'en jette pas assez ?

Présentez cette entrée dans des timbales en argent.

du bluff, sinon rien

Il va de soi que l'on choisit des huîtres perlières. À défaut, on ajoute une perle de culture sur chaque assiette, sans le dire.

Lait de poule truffé et doré à l'or fin

cher • facile à réaliser • préparation : 10 min • repos : 15 min • cuisson : 30 min • pour 4 personnes

1 casserole
1 bol
4 soupières individuelles

1 truffe

60 cl de lait

6 jaunes d'œufs + 1 œuf pour dorer la pâte

50 g de crème épaisse

2 rouleaux de pâte feuilletée

sel - poivre blanc

Préchauffez le four à 200 °C. Découpez 4 belles rondelles dans la truffe et hachez finement les chutes. Chauffez le lait salé et poivré. Délayez dans un bol les jaunes d'œufs avec un peu de lait chaud, puis versez-les dans la casserole et faites épaissir sur feu doux sans cesser de remuer, comme pour une crème anglaise. Retirez le lait du feu lorsqu'il nappe la cuillère. Incorporez la crème épaisse et le hachis de truffe. Laissez infuser 15 minutes. Répartissez dans 4 soupières individuelles. Déposez une rondelle de truffe à la surface.
Découpez dans la pâte feuilletée 4 ronds un peu plus grands que le diamètre des soupières. Humectez le bord de celles-ci avec un œuf battu. Couvrez-les d'un rond de pâte. Pressez le tour pour souder hermétiquement.
Dorez à l'œuf battu et dessinez des croisillons avec la pointe d'un couteau, sans percer la pâte. Glissez les soupières en haut du four et laissez cuire environ 15 minutes, jusqu'à ce que la pâte soit dorée et gonflée. Servez dès la sortie du four.

Saint-jacques rubis sur l'ongle

un peu cher • facile à réaliser • préparation : 10 min • cuisson : 3 min • pour 4 personnes

1 poêle

12 à 16 noix de Saint-Jacques et 4 coquilles

150 g de foie gras d'oie mi-cuit

1 cuil. à soupe de la graisse du foie gras

1 cuil. à soupe de baies roses

fleur de sel - poivre du moulin

Rincez les noix de Saint-Jacques, séchez-les puis coupez-les en deux dans l'épaisseur, selon leur grosseur. Nettoyez 4 coquilles vides et séchez-les. Taillez le foie gras en petits morceaux.

Faites fondre la graisse récupérée sur le foie gras à feu vif. Ajoutez les saint-jacques et faites-les saisir jusqu'à ce que la première face soit dorée, 30 secondes au maximum. Salez et poivrez.

Retirez du feu, puis ajoutez le foie gras et laissez-le fondre sur les saint-jacques.

Répartissez les saint-jacques et la sauce au foie gras dans les coquilles, en plaçant la face dorée vers le haut. Décorez de baies roses et servez.

Œufs de caille à faire bisquer le homard

bon marché • facile à réaliser • préparation : 20 min • cuisson : 5 min • pour 4 personnes

1 casserole
1 tasse
1 écumoire
1 couteau à huîtres

12 œufs de caille
12 huîtres creuses
1/2 citron
15 cl de fumet de homard, selon la recette page 6
8 cl de crème liquide
30 g de caviar
vinaigre
1 kg de gros sel pour la présentation

1 Portez à frémissement une casserole d'eau légèrement vinaigrée. Cassez les œufs de caille l'un après l'autre dans une tasse puis faites-les glisser dans l'eau. Laissez pocher les œufs 30 secondes, puis sortez-les avec une écumoire. Ébarbez-les et laissez-les égoutter sur un linge plié en quatre.

2 Ouvrez les huîtres et récupérez leur eau dans une casserole. Ajoutez un filet de citron. Portez à frémissement et faites-y pocher les huîtres pendant 30 secondes, hors du feu. Égouttez-les sur un linge.

3 Lavez et séchez les coquilles d'huîtres. Portez le fumet de homard à ébullition. Incorporez-lui la crème et donnez quelques bouillons pour lier cette bisque.

4 Replacez les huîtres dans leur coquille. Nappez-les d'un peu de bisque. Dressez par-dessus un œuf de caille poché puis décorez de quelques grains de caviar. Dressez 3 coquilles par assiette, sur un lit de gros sel, et servez tiède.

ça n'en jette pas assez ?

Si vous êtes pressé, utilisez de la bisque de homard en conserve (artisanale de préférence, il en existe d'excellentes), mais vous n'êtes pas obligé de le dire aux invités.

du bluff, sinon rien

C'est le moment d'exhiber votre plus grosse montre en or pour chronométrer la cuisson des œufs. Ne faites pas pocher plus de 3 œufs à la fois et comptez le temps de cuisson lorsque le dernier œuf de la « fournée » est dans l'eau.

Langoustes puces nageant dans des pépites liquides

cher • facile à réaliser • préparation : 30 min • cuisson : 30 min • pour 4 personnes

1 bol
2 casseroles
1 passoire
ciseaux de cuisine

6 langoustes « puces » de 300 g chacune

1 pincée de pistils de safran

1 carotte

1 oignon

1 blanc de poireau

1 branche de céleri

le zeste d'1/2 orange

1 bouteille de vin blanc sec

10 g de beurre

1 cuil. à soupe de ciboulette ciselée

sel - poivre du moulin

1. Faites tremper le safran dans 5 cl de vin blanc. Épluchez les légumes. Émincez-les en bâtonnets, ainsi que le zeste d'orange. Faites suer le tout sans coloration dans une casserole avec le beurre. Mouillez avec la bouteille de vin blanc, 75 cl d'eau, le safran et son trempage, assaisonnez puis laissez frémir pendant 20 minutes.

2. Transvasez le bouillon dans une autre casserole à travers une passoire. Réservez les légumes. Portez de nouveau la nage à ébullition. Plongez-y les langoustes et laissez-les cuire 10 minutes, puis prélevez-les.

3. Faites réduire le bouillon de moitié. Rectifiez l'assaisonnement. Décortiquez les langoustes et taillez les queues en médaillons. Dressez-les dans des assiettes creuses. Garnissez avec les bâtonnets de légumes.

4. Répartissez la nage dans les assiettes. Saupoudrez la ciboulette. Décorez avec les têtes de langouste.

ça n'en jette pas assez ?

Les langoustes puces sont de petites langoustes roses pêchées au large de la Bretagne. Leur poids varie de 180 à 300 g. C'est le top de la langouste, mais vous pouvez toujours choisir de la baleine blanche.

du bluff, sinon rien

Le safran étant l'épice la plus chère que l'on puisse trouver, vous pouvez vous en donner à cœur joie. Dommage : une seule toute petite pincée suffit à parfumer tout un plat...

Langoustines flambeuses à Las Vegas

un peu cher • facile à réaliser • préparation : 20 min • cuisson : 8 min • pour 4 personnes

1 casserole
1 poêle
1 économe

20 langoustines
2 ananas Victoria
1 oignon
1 piment vert
200 g de pois gourmands
la chair d'1/2 noix de coco
2 cuil. à soupe d'huile d'olive
1 cuil. à soupe de coriandre ciselée
10 cl de rhum blanc
sel - poivre du moulin

1 Décortiquez les langoustines à cru. Coupez les ananas en deux dans la longueur en laissant le plumet. Évidez-les puis taillez la chair en morceaux. Conservez les demi-écorces pour la présentation. Pelez et émincez l'oignon. Coupez le piment en tronçons et retirez les graines.

2 Ébouillantez les pois gourmands pendant 2 minutes puis rafraîchissez-les dans de l'eau glacée. Égouttez. Ouvrez la noix de coco. Taillez la chair en lamelles avec un économe.

3 Faites revenir l'oignon sans coloration dans une poêle avec l'huile d'olive. Ajoutez le piment et les langoustines. Faites-les cuire à feu vif pendant 3 minutes en remuant. Complétez avec l'ananas, les pois gourmands et la noix de coco. Assaisonnez.

4 Remplissez les coques d'ananas avec la préparation bien chaude. Parsemez de coriandre. Versez le rhum dans la poêle, puis enflammez-le et répartissez aussitôt dans les ananas. Servez vite.

ça n'en jette pas assez ?

Le chic du chic est de réchauffer le rhum dans un petit caquelon en cuivre sur un réchaud devant les convives et de faire flamber le plat, avec tout le cérémonial d'un grand maître d'hôtel, en *direct live*.

du bluff, sinon rien

Montrez votre machette aux invités mais, dans le secret de la cuisine, percez simplement 2 des 3 yeux de la noix de coco avec un tire bouchon. Videz l'eau. Placez ensuite la noix pendant 20 minutes dans le four allumé à 210 °C. Elle va se fendre, et il suffira d'un petit coup de marteau pour l'ouvrir. La chair se détachera toute seule.

Pot-au-feu avec chichis

cher • facile à réaliser • préparation : 30 min • cuisson : 50 min • pour 4 personnes

1 faitout
1 passoire - 1 écumoire
ciseaux de cuisine

4 poireaux baguette
8 carottes fanes
8 navets fanes
3 l de fumet de poissons (maison, ou avec du fumet déshydraté)
1 oignon piqué de 2 clous de girofle
1 gousse d'ail
1 bouquet garni (thym, laurier, persil)
200 g de cocos de Paimpol, frais ou surgelés
200 g de fèves fraîches ou surgelées
2 homards de 800 g chacun
1 truffe (20 g)
100 g de crème épaisse
gros sel de mer

1 Rincez les homards. Nettoyez les poireaux, pelez les carottes et les navets en laissant 2 cm de fane. Versez le fumet dans un faitout. Salez au gros sel de mer. Ajoutez l'oignon piqué, la gousse d'ail entière et le bouquet garni. Faites bouillir 5 minutes.

2 Ajoutez les haricots dans le bouillon. Attendez 10 minutes avant d'ajouter les navets et les carottes, 10 minutes plus tard, les poireaux, et, 5 minutes après, les fèves. Laisser cuire encore 5 minutes (en tout, 30 minutes de cuisson). Prélevez les légumes avec une écumoire.

3 Plongez ensuite les homards la tête la première dans le fumet bouillant et comptez 10 minutes à partir de la reprise de l'ébullition. Prélevez-les et décortiquez-les (voir page 6). Remettez les carapaces dans le bouillon et faites-les cuire pendant 15 minutes à feu vif, jusqu'à ce qu'il ne reste plus qu'un litre de fumet. Passez-le.

4 Réchauffez les morceaux de homard et les légumes dans le bouillon. Répartissez-les dans des assiettes creuses. Éparpillez la truffe taillée en fins bâtonnets. Nappez de bouillon et servez chaud, avec 1 cuillerée à soupe de crème épaisse.

ça n'en jette pas assez ?

Si vous ne trouvez pas de homard, vous pouvez toujours réaliser la recette avec du bœuf, mais alors c'est beaucoup plus long à cuire, et il ne faut pas mettre le fumet de poisson. C'est aussi beaucoup moins chic, quoique... avec la truffe...

du bluff, sinon rien

Frimez en expliquant aux invités que vous savez reconnaître le sexe des homards, les femelles étant les meilleures. Regardez les petites pattes atrophiées après la première paire de pattes : elles sont souples et poilues chez la femelle, rigides chez le mâle. Si !

Truites précieusement farcies

bon marché • facile à réaliser • préparation : 20 min • cuisson : 20 min • pour 4 personnes

1 poêle
1 plat à rôtir

4 truites préparées par le poissonnier
2 gousses d'ail
1 bouquet de persil
4 tomates
300 g de girolles
5 cl d'huile d'olive
4 fines tranches de jambon cru
10 cl de vin blanc sec
sel - poivre du moulin

Demandez au poissonnier de vider les truites et de retirer l'arête centrale sans séparer les deux filets. Préchauffez le four à 210 °C. Pelez et hachez l'ail avec le persil. Pelez, épépinez et concassez les tomates. Nettoyez les girolles.
Faites sauter les girolles dans une poêle sur feu vif avec l'ail et le persil, dans 1 cuillerée d'huile d'olive. Laissez évaporer l'eau de végétation puis ajoutez la pulpe de tomate. Salez et poivrez. Laissez cuire 2 minutes, puis réservez.
Étalez les truites ouvertes sur le plan de travail. Pliez les tranches de jambon en deux et glissez-les dans le ventre des truites. Remplissez l'intérieur de girolles. Enduisez d'huile d'olive un plat à rôtir. Rangez-y les truites farcies et arrosez-les du reste d'huile. Versez le vin blanc dans le plat. S'il reste des girolles, répartissez-les autour des poissons. Glissez au four pendant 20 minutes. Servez bien chaud, accompagné de pâtes fraîches.

Tralala de sole au basilic et sabayon au pamplemousse

un peu cher • délicat à réaliser • préparation : 20 min • cuisson : 20 min • pour 4 personnes

8 piques en bois
1 casserole - 1 saladier
1 fouet

8 filets de sole
1 pomelo rose
1 bouquet de basilic
50 cl de fumet de poisson (avec du fumet déshydraté)
8 jaunes d'œufs
1/4 cuil. à café de Maïzena
20 cl de jus de pamplemousse rose
sel - poivre blanc

Prélevez quelques rubans de zeste du pomelo, sans prendre la peau blanche. Faites blanchir ces zestes pendant 2 minutes à l'eau bouillante. Pelez l'agrume à vif et séparez les quartiers. Réservez.
Étalez les filets de sole sur le plan de travail. Salez-les et poivrez-les. Recouvrez-les entièrement de feuilles de basilic, puis enroulez-les et fixez avec une pique. Mettez les filets de sole dans le fumet froid. Portez à frémissement, puis ôtez du feu et laissez pocher pendant 4 minutes.
Posez un saladier sur un bain-marie d'eau frémissante. Mettez-y les jaunes d'œufs avec la Maïzena, une pincée de sel et une autre de poivre. Fouettez jusqu'à obtenir une crème onctueuse. Toujours en fouettant, ajoutez petit à petit le jus de pamplemousse. Le sabayon doit devenir ferme et tripler de volume. Répartissez le sabayon dans les assiettes et déposez dessus une spirale de sole. Décorez avec les quartiers de pomelo, les zestes et quelques feuilles de basilic grossièrement ciselées.

Curry prétentieux façon maharadjah

cher • facile à réaliser • préparation : 30 min • cuisson : 30 min • pour 4 personnes

1 cocotte
1 poêle
ciseaux de cuisine

2 queues de langouste
400 g de gambas
2 gousses d'ail
1 oignon
1/2 poivron vert
1 pomme
1 mangue
40 g de noix de cajou
50 g de beurre clarifié
2 cuil. à soupe de curry
200 g de pulpe de tomate
40 cl de lait de coco
coriandre fraîche
sel - poivre du moulin

1 Détaillez les queues de langouste en médaillons, en suivant les articulations. Décortiquez à cru les gambas en laissant la queue. Épluchez et émincez l'ail et l'oignon. Coupez le poivron en fines lamelles. Taillez en cubes la chair de la pomme et de la mangue. Faites griller les noix de cajou à sec dans une poêle et réservez.

2 Faites fondre le beurre dans une cocotte sur feu vif. Faites revenir l'oignon et l'ail sans les laisser colorer. Ajoutez le curry, du sel et du poivre, puis tournez le mélange sur feu vif pendant 1 minute avec une cuillère en bois, pour développer le parfum.

3 Ajoutez la pulpe de tomate et les poivrons. Mouillez avec le lait de coco. Portez à ébullition et laissez mijoter 10 minutes. Ajoutez ensuite les morceaux de langouste. Faites cuire 5 minutes. Ajoutez les gambas, les pommes et les mangues, et poursuivez la cuisson 10 minutes.

4 Répartissez ostensiblement les médaillons de langouste et les gambas sur des assiettes chaudes nappées de sauce. Garnissez avec les dés de fruits et de légumes, et parsemez les noix de cajou, la coriandre fraîche et servez.

ça n'en jette pas assez ?

Encore plus prétentieux : ajoutez des noix de Saint-Jacques au dernier moment. Et, au lieu de couper les fruits en cubes, sculptez-les artistiquement en fleurs, en statues grecques ou en bustes de Rodin.

du bluff, sinon rien

Si, malgré le curry, la couleur n'est pas assez fluo, ajoutez une bonne cuillerée de colorant jaune. Effet bling bling garanti.

Quincaillerie dorée de saumon aux morilles

bon marché • minutieux, mais facile • préparation : 1 h 15 • cuisson : 50 min • pour 6/8 personnes

1 casserole - 1 passoire
1 poêle - 1 rouleau à pâtisserie
1 plaque de cuisson

1 saumon préparé en 2 filets de 500 g chacun
40 g de morilles déshydratées
10 cl de vin blanc sec
10 cl de bouillon de volaille
100 g de riz basmati
30 g de beurre
2 échalotes
1 cuil. à soupe de jus de citron
2 cuil. à soupe de persil plat ciselé
60 g de cerneaux de noix
3 œufs durs + 1 œuf cru
700 g de pâte feuilletée
sel - poivre du moulin

1 Réhydratez les morilles dans le vin blanc et le bouillon pendant 1 heure, puis égouttez en gardant le liquide. Faites cuire le riz pendant 15 minutes, à couvert, dans ce liquide. Laissez refroidir. Préchauffez le four à 220 °C.

2 Faites revenir dans le beurre les morilles et les échalotes hachées, sans coloration. Hors du feu, ajoutez le jus de citron, le persil, les noix, le riz et les œufs durs grossièrement concassés. Assaisonnez. Éliminez la peau et les arêtes du saumon. Tapissez une plaque avec du papier sulfurisé.

3 Abaissez 1/3 de la pâte feuilletée en ovale sur la plaque de cuisson. Étalez dessus un filet de saumon puis la farce, et enfin le reste de saumon. Abaissez la pâte restante et posez-la sur la farce. Pincez fortement les bords. Découpez le pourtour afin d'obtenir une forme de poisson, puis ourlez les bords pour fermer hermétiquement.

4 Découpez dans les chutes de pâte de quoi faire les écailles, les yeux et les nageoires du poisson. Posez-les sur la pâte et badigeonnez avec l'œuf battu. Creusez un petit trou au centre et introduisez-y une cheminée de papier d'aluminium. Enfournez pour 30 minutes, jusqu'à ce que la pâte soit bien dorée.

ça n'en jette pas assez ?

Époustouflez vos invités en remplaçant le saumon par un homard, et imitez le homard avec la pâte feuilletée (prévoyez 96 heures de préparation).

du bluff, sinon rien

Si vous n'avez pas de rouleau à pâtisserie, utilisez une bouteille de château Petrus pour étaler la pâte. Mais ne la buvez pas. Avec le saumon, il vaut mieux un corton-charlemagne.

Émincé de veau et de homard à la m'as-tu-vu

cher • facile à réaliser • préparation : 45 min • cuisson : 1 h • pour 4 personnes

ciseaux de cuisine
2 casseroles
1 cocotte
1 passoire fine ou 1 chinois

300 g de filet mignon de veau en tranches
2 homards de 600 g chacun
10 cl de porto blanc
3 oranges et 1 citron vert non traités
200 g d'orge perlé
2 courgettes
2 tomates
10 cl de fond de veau
30 g de beurre
sel - poivre du moulin

1 Décortiquez les homards, coupez les queues en médaillons. Avec les carapaces, faites un fumet selon la recette page 6, sans cognac, en remplaçant le vin blanc par du porto et en ajoutant 1 orange et le citron vert non pelés et coupés en tranches. Passez ce fumet et faites-le réduire jusqu'à 10 cl.

2 Faites cuire l'orge perlé 25 minutes à l'eau bouillante salée. Taillez les courgettes en très petits dés et faites-les cuire 5 minutes à la vapeur. Pelez, épépinez et concassez les tomates. Mêlez ces 3 ingrédients et réservez-les. Pelez à vif les oranges restantes et séparez les quartiers.

3 Dans le beurre mousseux d'une cocotte, saisissez les morceaux de veau sur feu vif. Lorsqu'ils sont colorés, mouillez de fond de veau et de fumet de homard. Salez, poivrez. Couvrez et laissez mijoter pendant 20 minutes à feu doux. Ajoutez les homards 5 minutes avant la fin de la cuisson.

4 Ôtez les morceaux de viande et de crustacé. Faites bouillir le jus de cuisson jusqu'à obtenir une consistance sirupeuse. Ajoutez les quartiers d'orange et le jus rendu, puis retirez du feu au premier bouillon. Rectifiez l'assaisonnement. Dressez un dôme d'orge, disposez le veau, les quartiers d'orange et le homard en mettant les pinces en valeur. Dessinez un cordon de sauce.

ça n'en jette pas assez ?

Le fond de veau peut être fait maison : faites saisir 1 kg d'os et de tendron de veau avec oignon, carotte, vert de poireau, thym et laurier. Mouillez de 4 litres d'eau et faites mijoter pendant 4 ou 5 heures. Ou alors utilisez 1 cuillerée à café de fond déshydraté. Mais ce sera moins bling bling. Et nettement moins bon aussi.

du bluff, sinon rien

Cette recette ne s'exécute qu'avec des gants blancs.

Regardez comme elle est belle, ma langouste !

cher • facile à réaliser • préparation : 40 min • cuisson : 55 min • pour 4 personnes

1 grande casserole
1 passoire fine ou 1 chinois
1 grande poêle

2 langoustes vivantes de 500 g environ chacune

500 g de moules nettoyées

3 échalotes ciselées - 3 c. à s. d'huile d'olive

1 gousse d'ail - 1 piment rouge d'Espagne

1 brin de thym - 1 feuille de laurier

400 g de riz

10 cl de vin blanc

4 filets de rouget

1 c. à s. de persil ciselé

sel - poivre du moulin

Plongez les langoustes la tête la première dans une grande casserole d'eau bouillante salée et égouttez-les au bout de 2 minutes. Séparez les têtes, décortiquez les queues et taillez-les en médaillons. Mettez les carapaces de la langouste dans 2 litres d'eau salée. Faites bouillir 30 minutes et passez au chinois. Faites ouvrir les moules à sec dans une casserole sur feu vif, puis réservez-les. Laissez reposer le jus puis transvasez-le sans prendre le sable qui est tombé au fond. Dans une grande poêle, faites revenir les échalotes avec l'huile, sans coloration.

Ajoutez l'ail et le piment hachés, le thym et le laurier, puis le riz. Remuez puis mouillez avec le vin, le jus des moules et du bouillon de langouste jusqu'à 2 cm au-dessus du riz. Laissez frémir 10 minutes. Au besoin, ajoutez du bouillon si le riz a tout absorbé.

Ajoutez les médaillons de langouste. Laissez cuire 10 minutes. Lorsque le riz a absorbé tout le liquide, ajoutez les rougets. Laissez cuire 2 minutes. Piquez les moules dans la poêle. Décorez avec les pattes et les antennes de la langouste et du persil haché. Dégustez bien chaud.

Tiens, voilà du boudin… au foie gras

bon marché • facile à réaliser • préparation : 15 min • cuisson : 10 min • pour 4 personnes

1 poêle

4 boudins blancs

50 g de beurre

4 pommes reines des reinettes - 1/2 citron

60 g de foie gras mi-cuit

1 c. à s. de moutarde

2 c. à s. de calvados

20 cl de crème liquide

brins de ciboulette

sel - poivre du moulin

Retirez la peau des boudins. Faites griller ces derniers dans une poêle avec 20 g de beurre en les retournant souvent jusqu'à ce qu'ils soient dorés sur toutes leurs faces. Réservez-les.

Pelez les pommes, épépinez-les et coupez-les en tranches. Arrosez-les de jus de citron. Faites fondre le reste du beurre dans la poêle et faites-y colorer les tranches de pommes de tous les côtés.

En fin de cuisson des pommes, réchauffez les boudins dans la poêle, puis dressez-les sur des assiettes chaudes. Disposez à côté les pommes en éventail et parsemez de lamelles de foie gras.

Versez la moutarde dans la poêle sur feu moyen. Laissez cuire quelques instants en tournant à la cuillère en bois, puis versez le calvados et la crème. Salez et poivrez. Retirez du feu dès que la crème épaissit et nappez les boudins. Servez aussitôt en décorant l'assiette d'un gros brin de ciboulette.

Tarabiscotée de pintade aux petits légumes nouveaux

bon marché • un peu délicat à réaliser • préparation : 1 h • cuisson : 1 h 45 • pour 6 personnes

1 cocotte
1 poêle
1 moule à charlotte de 2 l

1 pintade prête à cuire
75 g de beurre
10 cl de bouillon de volaille
300 g de champignons de Paris nettoyés
500 g de navets nouveaux
500 g de carottes nouvelles
200 g de haricots verts
200 g de petits pois écossés
6 œufs
20 cl de crème liquide
sel - poivre du moulin

1 Préchauffez le four à 180 °C. Dans une cocotte, faites colorer la pintade de tous les côtés avec 30 g de beurre. Mouillez de bouillon et assaisonnez. Couvrez. Faites cuire la pintade pendant 45 minutes, puis désossez-la et coupez la chair en morceaux. Faites suer les champignons à la poêle avec 1 pincée de sel et 25 g de beurre, jusqu'à évaporation de l'eau de végétation. Réservez.

2 Taillez 2 navets et 2 carottes en rondelles. Coupez le reste des carottes et navets en bâtonnets et les haricots verts en tronçons de 5 cm. Faites cuire ces légumes ainsi que les petits pois à l'eau bouillante salée pendant 3 minutes. Égouttez-les. Beurrez le moule.

3 Tapissez le fond du moule avec une rosace de tranches de carottes et de navets. Recouvrez verticalement les bords de haricots verts, de bâtonnets de carottes et de navets alternés. À l'intérieur, superposez des couches de pintade, de champignons, et de petits pois. Tassez bien et recouvrez le tout des bâtonnets de légumes restants.

4 Fouettez les œufs avec la crème et le jus de cuisson de la pintade. Assaisonnez, puis versez cette préparation dans le moule. Faites cuire au bain-marie dans le four pendant 1 heure. Laissez refroidir complètement avant de démouler sur le plat de service.

ça n'en jette pas assez ?

Cette recette est parfaite pour séduire votre pintade préférée. On peut aussi réaliser la farce avec des cailles, des bécasses, des poulettes ou de la dinde.

du bluff, sinon rien

Difficile de faire plus bling bling. Toutefois, pensez à placer un rond de papier sulfurisé au fond du moule, pour éviter tout accident de démoulage et ne pas perdre la face devant les invités.

Pastilla de pigeon, la poudre aux yeux

bon marché • facile à réaliser • préparation : 1 h • cuisson : 1 h • pour 6 personnes

1 cocotte
1 poêle
1 moule rond (environ 22-24 cm)

4 pigeons prêts à cuire
150 g de beurre
500 g d'oignons émincés
1 cuil. à soupe de gingembre en poudre
1 pincée de safran en filaments
80 g d'amandes mondées
cannelle en poudre
50 g de miel
1 bouquet de coriandre ciselé
1 bouquet de persil plat ciselé
8 œufs
10 feuilles de brick
sucre glace
sel

1 Préchauffez le four à 200 °C. Faites colorer les pigeons de tous les côtés dans une cocotte avec 25 g de beurre. Remplacez-les par les oignons, le gingembre et le safran. Laissez suer 5 minutes, puis remettez les pigeons dans la cocotte. Salez, mouillez de 20 cl d'eau et laissez mijoter 30 minutes. Faites dorer les amandes avec 1 pincée de cannelle dans 25 g de beurre, puis concassez-les grossièrement.

2 Réservez les pigeons cuits et laissez-les tiédir avant de les désosser complètement. Coupez la chair en dés. Faites réduire de moitié le jus de cuisson. Ajoutez le miel et les herbes ciselées, puis les œufs battus, tout en remuant. Faites épaissir à feu doux et laissez refroidir.

3 Faites fondre le reste de beurre. Superposez 3 feuilles de brick badigeonnées de beurre au fond d'un moule rond. Puis placez-en 4 autres sur le bord se chevauchant et dépassant à moitié à l'extérieur. Répartissez dessus la moitié des amandes, puis les dés de pigeons, et enfin le mélange d'œufs. Terminez par des amandes.

4 Rabattez les feuilles de brick vers le centre. Posez dessus les 3 dernières feuilles se chevauchant et rabattez le bord en dessous de la pastilla. Faites cuire 20 min au four, jusqu'à ce que la pâte soit bien dorée. À la sortie du four, saupoudrez abondamment de sucre glace et dessinez des croisillons avec de la cannelle en poudre.

ça n'en jette pas assez ?

Avec le sucre glace et la cannelle, dessinez les motifs des plafonds des plus belles salles de l'Alhambra de Grenade.

du bluff, sinon rien

Faites un aller-retour au Maroc afin d'apprendre sur place le pliage de la pastilla.

Le cerf qui en met plein la vue

bon marché • facile à réaliser • préparation : 15 min • cuisson : 8 min • pour 4 personnes

1 mixeur
1 poêle
1 plat

4 tournedos de cerf
4 figues fraîches ou surgelées
1 cuil. à soupe d'huile
5 cl de vinaigre balsamique
25 g de beurre
4 fromages de chèvre rocamadour
4 brins de cerfeuil
sel - poivre du moulin

1 Coupez les figues en quartiers. Mixez 1 figue en purée. Faites saisir les tournedos sur les deux faces dans une poêle avec l'huile. Baissez le feu et poursuivez la cuisson de 2 à 4 minutes par face selon le degré de cuisson désiré. Retirez les tournedos de la poêle et laissez-les reposer 5 minutes sous un papier d'aluminium.

2 Déglacez la poêle avec le vinaigre balsamique et ajoutez la purée de figues. Faites bouillonner 1 minute. Ajoutez le beurre et fouettez la sauce jusqu'à ce qu'il soit fondu. Salez et poivrez.

3 Allumez le gril du four. Salez et poivrez les tournedos. Rangez-les sur un plat. Posez un rocamadour sur chaque tournedos et passez rapidement sous le gril jusqu'à ce que le fromage commence à fondre.

4 Ajoutez dans la sauce le jus que les tournedos ont rendu pendant leur repos, puis faites-en un cordon sur les assiettes. Dressez les tournedos et garnissez de figues. Décorez de cerfeuil.

ça n'en jette pas assez ?

Vous brillerez en société en remplaçant le cerf par du yak, du buffle ou du zébu. Sinon, du simple bœuf fait très bien l'affaire.

du bluff, sinon rien

Ne confondez pas le cerf avec le cerf-volant. Il ne s'agit pas d'aller frimer sur la plage de Saint-Tropez.

Chevreuil en armure 24 carats

bon marché • facile à réaliser • préparation : 20 min • cuisson : 40 min • repos : 2 h • pour 6 personnes

1 saladier
1 poêle
1 rouleau à pâtisserie

Pour la pâte :
500 g de gros sel
500 g de farine
15 cl d'eau
2 blancs d'œufs

1, 2 kg de rôti de chevreuil
1 c. à s. d'huile d'olive
4 brins de thym - 1 brin de romarin
1 œuf - gros sel

Pétrissez tous les ingrédients de la pâte jusqu'à ce qu'elle soit lisse et élastique. Enveloppez-la d'un film et laissez reposer à température ambiante pendant 2 heures. Préchauffez le four à 200 °C.

Faites revenir le rôti sur feu vif dans l'huile d'olive jusqu'à ce qu'il soit doré sur toutes ses faces, puis laissez-le refroidir sur une grille. Étalez la pâte sur un plan fariné. Posez le rôti dessus et parsemez les herbes effeuillées.

Enveloppez le rôti de pâte en pressant bien au niveau des soudures. Badigeonnez d'œuf battu, puis saupoudrez de gros sel. Placez le rôti sur une plaque et enfournez à mi-hauteur. Laissez cuire 20 minutes par livre. Après la cuisson, sortez le rôti et laissez-le reposer 20 minutes.

Présentez le rôti à vos convives dans sa croûte. Ouvrez celle-ci à une extrémité, sortez le rôti et coupez des tranches épaisses en diagonale. La croûte ne se consomme pas. Accompagnez avec les louis d'or aux épices (ci-dessous).

Louis d'or aux épices

bon marché • facile à réaliser • préparation : 20 min • cuisson : 20 min • pour 6 personnes

1 casserole
1 moulin à légumes
1 saladier
1 poêle

1 kg de pommes de terre
2 c. à s. rases de curry
2 œufs + 2 jaunes d'œufs
120 g de beurre
1 c. à c. de graines de fenouil
150 g de raisins de Corinthe
50 g de farine
huile d'olive
sel - poivre du moulin

Épluchez les pommes de terre, coupez-les en morceaux. Mettez dans une casserole, couvrez d'eau à hauteur. Ajoutez 1 cuillerée à soupe de curry et du sel. Faites cuire à petite ébullition, jusqu'à ce que les morceaux soient tendres, soit environ 15 minutes.

Égouttez les pommes de terre. Passez-les au moulin à légumes pour les réduire en purée.

Incorporez les œufs, puis le beurre, les graines de fenouil, les raisins secs et enfin la farine mêlée au reste de curry, avec du sel et du poivre.

Chauffez l'huile à hauteur de 5 mm dans une poêle. Versez de grosses cuillerées de pâte, étalez-les en galettes et laissez-les dorer quelques minutes sur chaque face. Réservez-les sur un plat. Servez en accompagnement d'une viande rôtie.

Le jambon dans toute sa splendeur

bon marché • facile à réaliser • préparation : 30 min • macération : 24 h • cuisson : 7 h • pour 8 personnes

1 grand plat à rôtir

1 jambon frais à cuire avec l'os, de 3-4 kg environ

environ 30 clous de girofle

50 cl de rhum blanc

1 oignon

2 gousses d'ail

1 bâton de cannelle

1 cuil. à soupe rase de sel

1 cuil. à café de grains de poivre

50 cl de jus de pomme

3 ananas

1/2 verre de moutarde forte

50 g de cassonade

1 Retirez entièrement la couenne du jambon ainsi que la graisse jusqu'à 2 cm d'épaisseur. Incisez un quadrillage régulier sur toute la surface du jambon. Piquez un clou de girofle à chaque intersection. Mettez dans le rhum l'oignon émincé, l'ail écrasé, la cannelle, le sel et le poivre. Versez sur le jambon et laissez macérer au frais pendant 24 heures, en tournant plusieurs fois le jambon dans sa marinade.

2 Préchauffez le four à 120 °C. Placez le jambon sur un plat à rôtir. Versez le jus de pomme et la marinade, après avoir retiré le bâton de cannelle. Couvrez le plat de papier d'aluminium. Enfournez pendant 6 h 30.

3 Épluchez les ananas et coupez la chair en morceaux. Ajoutez-les dans le plat à rôtir. Enduisez le jambon avec la moutarde, puis saupoudrez-le de cassonade. Terminez la cuisson 30 minutes à 180 °C, sans remettre le papier d'aluminium.

4 Dressez le jambon cuit sur un grand plat. Remuez bien les morceaux d'ananas dans le jus de cuisson et disposez-les autour. Servez le jus de cuisson en saucière.

ça n'en jette pas assez ?

Comment faire plus bling bling qu'en faisant trôner ce magnifique jambon dans un plat au centre de la table ? Il ne vous reste plus qu'à lancer les invitations. Choisissez bien les amis, ils vont s'incruster après cela.

du bluff, sinon rien

Commandez le jambon à l'avance chez un bon boucher. Vérifiez les dimensions de votre four, pour pouvoir en changer, si besoin est. Choisissez alors un four avec programmateur, car on peut très bien faire la cuisson en plusieurs fois, par exemple 5 heures la veille et 2 heures le jour du repas.

Madame la baronne est servie

bon marché • facile à réaliser • préparation : 15 min • cuisson : 10 min • pour 4 personnes

1 poêle

4 pavés d'autruche
6 oranges non traitées
15 cl de fond de veau
2 cuil. à soupe d'huile d'olive
1/2 bocal d'airelles au sirop léger
50 g de beurre
sel - poivre du moulin

1 Prélevez le zeste d'une orange, sans prendre de peau blanche. Taillez-le en fines lanières. Pressez 2 oranges et mêlez le fond de veau dans le jus. Pelez à vif les 4 autres oranges, puis détachez les quartiers. Mettez-les dans une passoire au-dessus du fond de veau.

2 Faites chauffer l'huile dans une poêle. Faites-y cuire les pavés d'autruche salés et poivrés pendant 3 à 6 minutes sur chaque face, selon la cuisson désirée. Retirez les pavés de la poêle et tenez-les au chaud, couverts d'un papier d'aluminium. Égouttez les airelles.

3 Versez le fond de veau dans la poêle. Portez à ébullition en grattant les sucs de cuisson. Ajoutez les zestes et laissez cuire jusqu'à obtenir une consistance sirupeuse. Incorporez enfin le beurre tout en fouettant. Assaisonnez. Réchauffez les quartiers d'orange et les airelles dans la sauce, puis retirez du feu.

4 Dressez les pavés sur les assiettes et garnissez avec les quartiers d'orange, les zestes et les airelles. Versez la sauce tout autour.

ça n'en jette pas assez ?

Décorez le plat avec les plumes de l'autruche. Et quelques strass.

du bluff, sinon rien

Renseignez-vous d'abord sur les dates autorisées pour la chasse à l'autruche.

Souris pas peu fières des légumes oubliés

bon marché • facile à réaliser • préparation : 30 min • cuisson : 3 h • pour 6 personnes

1 cocotte

3 souris d'agneau

2 cuil. à soupe d'huile d'olive

2 oignons hachés

2 gousses d'ail entières

1/2 cuil. à café de graines de cumin

1/2 cuil. à café de graines de coriandre

1 cuil. à café de curry

50 g de raisins secs

6 figues séchées

1 citron confit

6 belles carottes

6 panais

500 g de couscous complet précuit

50 g de beurre

sel - poivre du moulin

1 Préchauffez le four à 120 °C. Dans une grande cocotte, faites colorer de tous les côtés les souris salées et poivrées avec l'huile. Retirez-les et videz le gras de la cocotte. Faites revenir les oignons, l'ail et les épices en mélangeant 2 minutes sur feu vif pour développer le parfum.

2 Remettez les souris et mélangez pour les enrober d'aromates. Mouillez d'eau jusqu'à la hauteur de la viande. Ajoutez les raisins et les figues, puis l'écorce du citron confit coupée en dés. Salez légèrement. Portez à ébullition.

3 Coupez en deux dans la longueur les carottes et les panais épluchés. Disposez-les à la surface des souris. Ils cuiront à la vapeur du jus de cuisson. Couvrez la cocotte et glissez-la au four. Oubliez-la pendant 3 heures.

4 Mouillez le couscous avec 50 cl d'eau bouillante salée. Couvrez et laissez gonfler 15 minutes. Égrenez le couscous en lui incorporant le beurre. Prélevez les carottes et les panais de la cocotte, puis rangez-les autour de la semoule. Disposez fièrement les souris au centre et servez avec les fruits secs et le jus de cuisson.

ça n'en jette pas assez ?

Si les souris vous semblent trop chiches, prenez des gigots.

du bluff, sinon rien

Ce plat est idéal pour un pique-nique à dos d'éléphant.

Crème démasquée, surprise, surprise !

cher • facile à réaliser • préparation : 25 min • cuisson : 35 min • repos : 2 h • pour 6 personnes

1 mixeur
6 plats à gratin individuels
1 casserole
1 fouet

25 cl de crème liquide
200 g de fraises
200 g de sucre
25 cl de lait
1 botte de basilic
3 œufs + 3 jaunes
6 tomates cerises
120 g de cassonade

Allumez le four à 120 °C (th. 4). Mixez les fraises avec 20 g de sucre. Répartissez cette purée au fond de 6 plats à gratin individuels. Portez à ébullition le lait mélangé à la crème. Hors du feu, ajoutez les feuilles de basilic. Couvrez et laissez infuser 15 minutes. Mixez.
Fouettez les œufs avec 60 g de sucre jusqu'à ce qu'ils blanchissent. Incorporez le mélange de lait et de crème tout en remuant. Versez doucement le tout sur la couche de fraises. Faites cuire dans le four au bain-marie pendant 30 minutes, la crème doit être prise mais encore tremblotante. Laissez refroidir dans le four puis placez au moins 2 heures au réfrigérateur.
Faites un caramel avec le sucre restant. Trempez-y les tomates cerises puis posez-les sur une feuille de papier sulfurisé jusqu'à ce que le caramel durcisse.
Au moment de servir, saupoudrez les crèmes d'une belle couche de cassonade. Faites-les brûler avec un fer spécial, un chalumeau, ou alors sous le gril du four allumé à la température maximale. Décorez d'1 tomate cerise et d'1 feuille de basilic.

Les figues se croient à Versailles !

bon marché • facile à réaliser • préparation : 15 min • repos : 1 h • pour 4/6 personnes

1 passoire - 1 poêle
1 jatte - 1 fouet

12 figues
200 g de fromage blanc en faisselle
200 g de crème fouettée
2 blancs d'œufs
90 g de sucre
40 g d'amandes effilées
1 cuil. à soupe d'eau-de-vie de framboise
250 g de framboises

Versez le fromage blanc dans une passoire doublée d'un linge fin et laissez-le s'égoutter pendant 1 heure, en pressant de temps en temps.

Fouettez la crème (voir page 7). Avec les blancs d'œufs et le sucre, préparez une meringue italienne selon la recette page 7. Faites légèrement griller les amandes dans une poêle sèche.

Transvasez le fromage blanc bien égoutté dans une jatte et lissez-le au fouet en lui intégrant l'eau-de-vie. Incorporez-lui la crème fouettée puis la meringue et enfin la moitié des framboises.

Fendez les figues en quatre et ouvrez-les sans séparer les quartiers. Farcissez-les avec cette mousse et disposez-les 3 par 3 dans les assiettes de service. Garnissez avec le reste de framboises et les amandes. Servez bien frais.

Parterre de roses pour un shah... rrogant

bon marché • facile à réaliser • préparation : 40 min • cuisson : 20 min • réfrigération : 8 h • pour 6 personnes

1 saladier
1 fouet
1 petite casserole
1 mixeur
1 cercle de 24 cm

1 biscuit dacquoise à la noisette (page 7)

500 g de crème fouettée (page 7)

80 g de sucre glace

5 feuilles de gélatine

2 cuil. à soupe de liqueur de litchis (Soho)

300 g de framboises + un peu pour le décor

1/2 citron

2 cuil. à soupe d'eau de rose

5 ou 6 litchis

des feuilles de menthe

1 Faites le biscuit, puis la crème fouettée avec 50 g de sucre glace. Faites ramollir 3 feuilles de gélatine dans de l'eau froide. Essorez-les et mettez-les dans une petite casserole à feu doux avec la liqueur, en remuant jusqu'à dissolution. Laissez refroidir, puis incorporez dans la crème.

2 Mixez les framboises avec le jus de citron et le sucre glace restant. Faites ramollir les 2 autres feuilles de gélatine et faites-les fondre avec 3 cuillerées à soupe de framboises. Mélangez cette préparation dans le reste de purée de framboises. Parfumez avec l'eau de rose.

3 Placez le biscuit dans le cercle. Étalez dessus la moitié de la mousse aux litchis. Placez 30 minutes au froid. Recouvrez de purée de framboises. Placez 15 minutes au froid. Terminez en étalant le reste de mousse aux litchis. Avec une spatule, décorez la surface en formant des vagues.

4 Mettez au moins 8 heures au réfrigérateur. Pour démouler, glissez la lame d'un couteau contre le cercle. Décorez avec des framboises, des litchis et de la menthe.

ça n'en jette pas assez ?

On peut aussi remplacer l'eau de rose par du parfum de luxe, mais le goût dans la pâtisserie ne plaît pas à tout le monde.

du bluff, sinon rien

Enlevez vos bagues en or avant de commencer, vous pourriez les perdre dans la mousse.

C'est Noël tous les jours !

bon marché • facile à réaliser • préparation : 45 min • réfrigération : 2 h • pour 6 personnes

1 casserole
1 poêle
1 cercle de 20 cm

- 3 poires
- 20 g de beurre
- 70 g de sucre
- 1 disque de génoise du pâtissier
- 5 cl d'eau-de-vie de poire
- 3 feuilles de gélatine
- 300 g de crème de marrons
- 250 g de crème fouettée (page 7)
- 50 g de brisures de marron glacé
- cacao en poudre
- 200 g de pâte d'amandes verte
- 8 marrons glacés

1 Coupez en tranches les poires pelées et épépinées. Faites-les dorer à la poêle avec le beurre et 20 g de sucre. Réservez les plus belles tranches pour le décor, émincez le reste en petits cubes et laissez refroidir.

2 Déposez la génoise taillée à 20 cm de diamètre et 3 cm d'épaisseur au fond d'un cercle du même diamètre. Faites bouillir 5 cl d'eau avec le sucre restant. Hors du feu, ajoutez l'eau-de-vie. Imbibez la génoise avec ce sirop. Recouvrez de dés de poire.

3 Faites ramollir la gélatine dans de l'eau froide. Essorez-la puis faites-la fondre à feu doux dans 2 cuillerées à soupe de crème fouettée. Incorporez-la dans la crème de marrons. Ajoutez les brisures de marron puis, délicatement, la crème fouettée. Remplissez le cercle, lissez la surface et placez au froid pendant au moins 2 heures. Retirez le cercle.

4 Poudrez l'entremets d'un nuage de cacao à travers une passoire fine. Étalez finement la pâte d'amandes sur un plan légèrement saupoudré de sucre glace et coupez 2 bandes de 35 cm de long, un peu plus larges que la hauteur du gâteau. Placez-les autour du gâteau. Faites un joli décor avec les marrons glacés, des lamelles de poire et des motifs découpés dans la pâte d'amandes.

ça n'en jette pas assez ?

Demandez à une superstar du design de venir décorer le gâteau.

du bluff, sinon rien

À déguster sur la terrasse d'un chalet, avec des lunettes de soleil, tout en signant des autographes avec un gros stylo à plume.

Elle est gonflée, l'omelette !

bon marché • facile à réaliser • préparation : 30 min • cuisson : 15 min • pour 4 personnes

1 grande poêle munie d'un couvercle
1 saladier
1 batteur électrique

4 pommes reinettes
100 g de sucre
75 g de beurre
1/2 citron
10 cl de pommeau de Normandie
8 œufs

Pelez les pommes, coupez-les en quartiers. Chauffez 50 g de sucre dans une poêle et laissez caraméliser. Ajoutez 50 g de beurre, puis les pommes, et tournez-les dans le caramel. Laissez cuire 5 minutes. Versez le jus de citron, puis le pommeau, et réservez.
Cassez les œufs dans une jatte. Fouettez-les pendant 20 minutes environ, jusqu'à ce qu'ils triplent de volume et forment une mousse légère. Ajoutez le reste du sucre à mi-parcours.
Dans une grande poêle sur feu vif, faites fondre 25 g de beurre. Quand il a cessé de chanter, versez les œufs et laissez cuire l'omelette sans la remuer. Après 5 minutes de cuisson, baissez le feu et couvrez la poêle. Laissez cuire encore quelques minutes. Le dessus de l'omelette doit être très crémeux et le dessous bien doré. Garnissez la moitié de l'omelette avec les quartiers de pomme. Repliez l'autre moitié afin d'envelopper la garniture. Faites glisser sur un plat. Nappez de la sauce caramélisée. Servez immédiatement.

Tiramisu clinquant

bon marché • facile à réaliser • préparation : 20 min • cuisson : 5 min • pour 6 personnes

1 batteur électrique
1 saladier - 1 poêle
6 grands verres

3 œufs, blancs et jaunes séparés
175 g de sucre
250 g de mascarpone
5 cl de banyuls
25 g de beurre
240 g d'abricots au sirop
6 tranches de pain d'épices
1 cuil. à soupe de cacao amer
1 feuille d'or (chez les fournisseurs pour pâtissiers)

Avec les blancs d'œufs et 125 g de sucre, faites une meringue italienne selon la recette page 7. Délayez le mascarpone avec le banyuls et les jaunes d'œufs. Incorporez la meringue dans ce mélange.

Faites fondre 25 g de beurre dans une poêle sur feu vif. Ajoutez les abricots bien égouttés, face bombée contre la poêle, et saupoudrez de 50 g de sucre. Faites cuire rapidement jusqu'à légère caramélisation, en retournant les fruits une fois avec une spatule. Égouttez-les sur une grille. Gardez les 6 plus beaux pour le décor.

Émiettez le pain d'épices et répartissez-le au fond de 6 grands verres. Répartissez les abricots puis la crème au mascarpone. Réservez au frais jusqu'au moment de servir.

Au dernier moment, saupoudrez la surface avec le cacao amer à travers une passoire fine et décorez avec un abricot et une parcelle de feuille d'or.

Hollywood boulevard

bon marché • un peu délicat à réaliser • préparation : 1 h • cuisson : 20 min • réfrigération : 2 h • pour 6 personnes

1 plaque - 1 casserole
1 batteur électrique
2 saladiers

1 biscuit dacquoise (page 7)

4 feuilles de gélatine

20 cl de crème anglaise, maison ou en brique

150 g de pralinoise

250 g de crème fouettée (page 7)

2 blancs d'œufs

60 g de miel - 25 g de sucre

40 g d'écorces d'orange confite

60 g de mélange d'amandes, de noisettes et de pistaches

5 cl de cognac

100 g de copeaux de chocolats noir et blanc

des perles en sucre argentées

1 Préparez la pâte à biscuit dacquoise, étalez-la sur une plaque doublée de papier sulfurisé et faites cuire 15 à 20 minutes à 180 °C. Laissez refroidir, puis découpez le biscuit en forme d'étoile. Placez autour un bord de papier d'aluminium de 5 cm de haut.

2 Faites ramollir la gélatine dans de l'eau froide. Réchauffez la crème anglaise. Faites-y fondre 2 feuilles de gélatine essorées, puis la pralinoise coupée en morceaux. Mélangez et laissez refroidir. Incorporez la moitié de la crème fouettée, réservez.

3 Faites une meringue italienne avec les blancs d'œufs, le miel et le sucre (voir page 7). Incorporez-lui les fruits, secs et confits. Faites dissoudre le reste de gélatine dans le cognac chaud. Incorporez ce mélange ainsi que le reste de crème fouettée dans la meringue.

4 Étalez sur la plaque une couche de crème pralinée, puis mettez 15 minutes au froid. Étalez dessus la mousse nougat. Lissez la surface et placez au froid pendant 2 heures, avant de retirer le papier. Égalisez éventuellement les bords. Décorez richement avec des copeaux de chocolat et des perles.

ça n'en jette pas assez ?

On peut mettre de vraies perles, à la place de celles en sucre.

du bluff, sinon rien

Présentez le gâteau en faisant beaucoup de cinéma. Et ne servez que sous les applaudissements.

Délice des anges aux cheveux d'or

bon marché • facile à réaliser • préparation : 1 h • cuisson : 30 min • pour 6 personnes

1 casserole
1 saladier
1 passoire fine
6 verres
1 bol

15 cl de lait
20 cl de crème liquide
1 bâton de cannelle
5 jaunes d'œufs
290 g de sucre
60 g de chocolat noir
200 g de crème fouettée (page 7)
6 sablés bretons épais

1 Préchauffez le four à 120 °C. Portez le lait et 15 cl de crème à ébullition avec la cannelle. Fouettez 3 jaunes d'œufs avec 40 g de sucre, puis délayez avec le lait chaud. Passez puis répartissez au fond de 6 grands verres. Placez-les au bain-marie dans le four. Faites cuire 30 minutes environ, jusqu'à ce que la crème soit prise. Laissez refroidir.

2 Faites fondre au bain-marie 60 g de chocolat. Faites cuire 50 g de sucre à sec jusqu'au caramel. Hors du feu, versez peu à peu 5 cl de crème liquide, puis mélangez à feu doux. Versez ce caramel sur 2 jaunes d'œufs tout en fouettant vigoureusement. Incorporez le chocolat fondu, puis la crème fouettée.

3 Placez un sablé breton sur la crème dans les verres et remplissez avec la mousse chocolat caramel. Placez 2 heures au froid. Étalez une grande feuille de papier sulfurisé sur le plan de travail. Faites cuire jusqu'au caramel le sucre mouillé d'eau. Stoppez la cuisson en plaçant la casserole dans de l'eau froide.

4 Tenez dans une main 2 fourchettes le dos opposé et plongez les pointes dans le caramel. Soulevez-les et balayez la feuille de papier en laissant tomber de minces filets de caramel, qui durcit très vite. Prélevez délicatement les cheveux d'ange et disposez-les sur les verrines, au dernier moment. Leur durée de vie est d'environ 2 heures.

ça n'en jette pas assez ?

On peut très bien remplacer les cheveux d'ange par un entrelacs de chaînes en or. Choisissez les plus grosses.

du bluff, sinon rien

Afin d'acquérir le bon geste du bras pour la confection des cheveux d'ange, entraînez-vous dans le club de sport le plus cher de la ville.

Coupe du monde

bon marché • délicat à réaliser • préparation : 30 min • cuisson : 10 min • pour 4 personnes

1 plaque
1 saladier
4 bols
1 casserole
1 louche

2 blancs d'œufs
300 g de sucre
30 g de farine
80 g d'amandes effilées
35 g de beurre
100 g de chocolat au lait
200 g de grains de raisin noir et blanc
200 g de litchis frais épluchés
50 cl de glace à la vanille
100 g de chantilly (facultatif)

1 Préchauffez le four à 210 °C. Battez légèrement les blancs d'œufs avec 100 g de sucre. Incorporez la farine et les amandes, puis le beurre fondu. Mélangez à la cuillère en bois. Sur une plaque doublée de papier sulfurisé, étalez finement 4 ronds de pâte de 15 cm de diamètre. Faites cuire 8 à 10 minutes, jusqu'à ce que les bords soient dorés.

2 Décollez les tuiles dès la sortie du four et posez-les à l'intérieur d'un bol en appuyant légèrement. Laissez-les refroidir ainsi. Hachez finement le chocolat. Faites-en fondre la moitié au bain-marie. Hors du feu, incorporez le reste de chocolat et mélangez jusqu'à ce que ce soit lisse. Avec un pinceau, badigeonnez l'intérieur des tuiles avec le chocolat. Laissez durcir.

3 Huilez l'extérieur d'une louche. Faites du caramel avec 200 g de sucre mouillé de 1 cuillerée d'eau. Stoppez la cuisson en posant le fond de la casserole dans de l'eau froide. À l'aide d'une fourchette trempée dans le caramel, faites tomber des fils entrecroisés sur le dos de la louche.

4 Réalisez ainsi 4 cages en caramel. Laissez durcir, mais pas trop, avant de les décoller délicatement. Au moment de servir, dressez 2 boules de glace dans les coupes. Garnissez avec les raisins et les litchis, et déposez dessus une cage en caramel. Décorez de crème Chantilly.

ça n'en jette pas assez ?

On peut commander des cages en or chez certains bijoutiers.

du bluff, sinon rien

Pensez à protéger votre plan de travail avec une feuille de papier sulfurisé, surtout s'il est en laque de Chine, en marbre de Carrare, en loupe d'orme ou en thuya massif.

Un peu pompeuse, la couronne aux fruits et muscat

bon marché • facile à réaliser • préparation : 30 min • cuisson : 5 min • repos : 12 h • pour 6 personnes

1 casserole - 1 joli moule de 1,5 l

500 g de fraises
150 g de cassis
3 pêches
160 g de framboises
1 orange
6 feuilles de gélatine
75 cl de muscat de Beaumes-de-Venise
50 g de sucre
8 brins de lavande fraîche de jardin, non traitée

Préparez les fruits. Pressez l'orange. Faites ramollir la gélatine dans de l'eau froide. Faites bouillir le muscat et le sucre pendant 5 minutes. Ajoutez le jus d'orange et 3 brins de lavande. Retirez du feu, couvrez et laissez infuser 5 minutes. Éliminez la lavande. Essorez la gélatine et versez-la dans la casserole. Fouettez jusqu'à ce qu'elle fonde. Laissez refroidir à température ambiante.

Dans le fond d'un joli moule en couronne historié, de type moule à kouglof, versez du muscat sur 1/2 cm d'épaisseur, puis faites prendre au froid. Quand ce fond de gelée est ferme, ajoutez les fruits, en alternant les couleurs, puis remplissez avec le reste de gelée en la faisant couler sur le bord.

Tapotez le moule contre la table pour éliminer les bulles d'air. Couvrez de film alimentaire et laissez prendre au réfrigérateur pendant 12 heures. Démoulez au moment de servir, après avoir trempé le fond du moule quelques secondes dans de l'eau chaude. Accompagnez éventuellement d'une crème anglaise.

Mais pour qui se prend-il, ce gâteau ? Pour une selle de chevreuil !

bon marché • délicat à réaliser • préparation : 20 min • cuisson : 40 min • repos : 1 h • pour 6 personnes

1 saladier - 1 fouet

1 moule semi-cylindrique et côtelé

200 g de chocolat noir
7 œufs - 120 g de sucre
125 g d'amandes en poudre
130 g de beurre
1 pincée de sel
20 g de beurre et de farine pour le moule
50 g d'amandes coupées en bâtonnets

Préchauffez le four à 180 °C. Râpez le chocolat. Fouettez 5 jaunes d'œufs et 2 œufs entiers avec le sucre jusqu'à ce que la masse triple de volume et soit très mousseuse. Incorporez délicatement les amandes et 100 g de chocolat râpé. Versez en filet 100 g de beurre fondu et incorporez-le. Montez les blancs d'œufs avec le sel en neige ferme et incorporez-la à la masse précédente.

Versez la pâte dans le moule beurré et fariné, et faites cuire 40 minutes dans le bas du four. Le gâteau est cuit lorsque les bords s'écartent légèrement du moule. Laissez-le refroidir sur une grille. Il est normal qu'il s'affaisse un peu. Faites fondre le reste de chocolat avec le reste de beurre au bain-marie. Versez sur le gâteau. Piquez la surface de bâtonnets d'amandes, censés représenter les bardes de lard qui incrustent les vraies selles de chevreuil. Laissez prendre le glaçage 1 heure au frais avant de servir.

Profiteroles oh, là, là !

bon marché • un peu délicat à réaliser • préparation : 35 min • cuisson : 25 min • pour 6 personnes

1 casserole
1 saladier
1 fouet
1 mixeur

1 pâte à choux (page 7)
sucre glace
1 bac de bonne glace à la vanille
6 jaunes d'œufs
120 g de sucre
1 pincée de Maïzena (pas plus !)
20 cl de sauternes
200 g de framboises

1 Préchauffez le four à 180 °C, chaleur tournante. Dressez sur une plaque, à la cuillère ou la poche à douille, de petits tas de pâte de la grosseur d'une noix, bien espacés. Saupoudrez-les de sucre glace.

2 Enfournez immédiatement au centre du four pendant 25 minutes. Quand ils sont bien dorés, sortez-les et laissez-les refroidir sur une grille. Découpez un chapeau dans chaque chou et remplissez les choux de glace à la vanille. Remettez les chapeaux et placez au congélateur.

3 Versez dans un saladier les jaunes d'œufs, 100 g de sucre et la Maïzena. Fouettez pour obtenir une masse très mousseuse. Placez le saladier au-dessus d'une casserole d'eau frémissante et versez-y le sauternes. Continuez de fouetter jusqu'à ce que la préparation épaississe et que les branches du fouet y laissent une trace durable. Retirez du feu.

4 Mixez la moitié des framboises avec 20 g de sucre. Recouvrez la moitié des assiettes de service avec le sabayon et l'autre moitié avec le coulis de framboise. Dessinez des motifs avec une brochette. Dressez 2 ou 3 profiteroles dessus et décorez de framboises.

ça n'en jette pas assez ?

Faites une pièce montée : confectionnez 187 choux. Dépêchez-vous de les remplir de glace avant qu'elle ne fonde et dressez-les en pyramide sur un grand plat en argent. Vous servirez les deux sauces dans des coupelles de cristal de roche.

du bluff, sinon rien

Pensez à sortir les choux du congélateur un quart d'heure avant de servir. Pour cela, engagez un majordome.

Avoir la pêche, et le montrer

bon marché • facile à réaliser • préparation : 30 min • cuisson : 30 min • pour 6 personnes

1 casserole
1 saladier
6 moules à tartelette

1 belle poignée de feuilles de verveine
200 g de sucre
6 pêches à chair jaune
65 g de beurre + 15 g pour les moules
100 g de sucre glace
50 g de poudre d'amandes
20 g de farine
2 blancs d'œufs
40 g d'amandes effilées
150 g de cassonade

1 Faites infuser la moitié de la verveine dans 1 litre d'eau bouillante. Ajoutez ensuite le sucre. Faites pocher les pêches pelées dans ce sirop pendant 20 minutes, jusqu'à ce qu'une lame les traverse facilement. Égouttez les pêches et laissez refroidir le sirop. Placez-le au congélateur.

2 Faites fondre le beurre dans une casserole sur feu vif jusqu'à ce qu'il dégage une odeur de noisette. Mélangez le sucre glace, la poudre d'amandes et la farine. Incorporez les blancs d'œufs, puis le beurre. Remplissez les moules, saupoudrez d'amandes effilées. Faites cuire pendant 5 minutes à 240 °C, puis 5 minutes à 200 °C et 5 minutes four éteint. Démoulez sur une grille.

3 Épongez les pêches avec un papier absorbant. Saupoudrez-les de cassonade et brûlez-les avec un chalumeau ou un fer à crème brûlée. Laissez reposer 1 heure, et renouvelez l'opération. Sortez le sirop du congélateur et grattez la surface avec une fourchette pour obtenir un granité neigeux.

4 Creusez légèrement le centre des financiers et posez dessus une pêche, en la calant avec une petite touffe de feuilles de verveine. Et posez à côté un petit verre à liqueur rempli de granité à la verveine.

ça n'en jette pas assez ?

Remplacez l'eau du sirop par du champagne millésimé, dont vous aurez ouvert la bouteille avec un sabre de hussard de la Garde.

du bluff, sinon rien

Faites attention, avec le chalumeau, de ne pas faire fondre votre montre en platine.

Madeleines Deauville – Monte-Carlo

bon marché • facile à réaliser • préparation : 20 min • repos : 1 h • cuisson : 20 min • pour 6 personnes

1 casserole - 1 saladier
1 jatte - 1 plaque à madeleines

Pour les madeleines :
- 100 g de beurre demi-sel
- 30 g de miel d'oranger
- 160 g de farine
- 1 cuil. à café de levure chimique
- 40 g de poudre d'amandes
- 100 g de sucre
- 3 œufs

Pour la sauce au citron :
- 2 citrons non traités
- 170 g de sucre
- 35 g de beurre
- 1 œuf

Pour les fruits :
- 3 poires
- 30 g de beurre demi-sel
- 50 g de sucre
- 200 g de mûres

1 Faites fondre le beurre et le miel à feux doux. Mêlez la farine, la levure, la poudre d'amandes et le sucre dans une jatte. Incorporez les œufs, puis le beurre au miel en fouettant vigoureusement. À l'aide d'une cuillère, répartissez la pâte dans des moules à madeleines beurrés. Réservez-les 1 heure au frais.

2 Râpez le zeste du citron et pressez le jus. Mettez le tout dans une casserole avec le sucre, le beurre et l'œuf. Mettez la casserole sur feu moyen et faites cuire tout en fouettant, jusqu'à ce que la préparation épaississe. Transvasez dans un bol et laissez refroidir.

3 Pelez et épépinez les poires, puis détaillez-les en tranches. Faites-les caraméliser dans une poêle sur feu vif avec le beurre demi-sel et le sucre. Rangez les tranches en éventail sur les assiettes de service et arrosez-les de leur jus.

4 Faites cuire les madeleines pendant 15 minutes dans le four préchauffé à 240 °C. Démoulez-les dès leur sortie du four. Posez-les sur le lit de poires. Entourez d'un cordon de sauce au citron. Décorez avec les mûres. Dégustez immédiatement.

ça n'en jette pas assez ?

Il vaut mieux prendre un moule souple en silicone que l'on n'a pas besoin de beurrer, mais rien ne vous empêche d'utiliser un moule en argent. Évitez l'or, il risquerait de fondre à la cuisson.

du bluff, sinon rien

Croquez-les encore tièdes, pour vous consoler au retour du casino.

Tout va très bien, madame la marquise

bon marché • facile à réaliser • à préparer la veille • préparation : 45 min • cuisson : 5 min • pour 8 personnes

1 bol - 1 casserole - 1 saladier
8 petits bols ou 8 ramequins

400 g de chocolat noir
125 g de beurre mou
4 jaunes d'œufs
75 g de sucre glace
1 c. à c. de vanille liquide
500 g de crème fouettée (page 7)
2 oranges - 30 cl de jus d'orange
30 g de sucre gélifiant pour confiture
cacao
quelques feuilles de menthe

Cassez le chocolat et faites-le fondre au bain-marie. Ajoutez le beurre et lissez à la spatule. Laissez refroidir. Fouettez les jaunes d'œufs avec le sucre glace jusqu'à ce qu'ils blanchissent. Parfumez avec la vanille, puis ajoutez le chocolat et mélangez. Incorporez ensuite la crème fouettée.

Chemisez 8 petits bols avec du film étirable. Remplissez-les avec la préparation au chocolat. Lissez la surface et repliez le film. Placez au réfrigérateur jusqu'au lendemain.

Pelez les oranges à vif et séparez les quartiers en longeant les membranes avec un couteau tranchant. Récupérez le jus et mêlez-le au jus d'orange. Délayez le sucre gélifiant dans le jus. Faites bouillir pendant 5 minutes. Laissez refroidir.

Démoulez les marquises au centre des assiettes. Saupoudrez-les de cacao. Entourez de sauce à l'orange et décorez avec les suprêmes d'orange et de la menthe ciselée.

Nougat glacé impérial

bon marché • facile à réaliser • préparation : 30 min • cuisson : 5 min • congélation : 1 nuit • pour 6 personnes

1 bol - 1 moule à cake

60 g d'écorces d'orange confite
60 g de raisins secs
60 g d'amandes concassées
60 g de pistaches
5 cl de liqueur de mandarine impériale
5 cl de jus de clémentine
3 blancs d'œufs
100 g de miel - 75 g de sucre
200 g de crème fouettée (page 7)
12 macarons du pâtissier

Faites tremper tous les fruits, secs et confits, dans la mandarine impériale. Préparez une meringue italienne avec les blancs d'œufs, le miel et 25 g de sucre, sans ajouter d'eau, selon la recette page 7. Préparez aussi la crème fouettée.

Incorporez les fruits et la liqueur de mandarine dans la meringue. Incorporez ensuite la crème fouettée. Mettez cette préparation dans un moule à cake et placez-la au congélateur jusqu'au lendemain.

Préparez un caramel blond avec le sucre restant. Ajoutez le jus de clémentine, en prenant garde aux éclaboussures. Mélangez sur feu doux jusqu'à ce que ce soit lisse et laissez refroidir.

Démoulez le nougat glacé en trempant le fond du moule quelques instants dans de l'eau chaude. Décorez-le avec les macarons. Servez avec la sauce à la mandarine.

Index

Infos mesures

	1 cuil. à café rase	1 cuil. à soupe rase
Farine	5 g	15 g
Sucre	6 g	20 g
Liqueur	0,5 cl ou un trait	1,5 cl
Fécule	5 g	15 g
Vin / eau	0,5 cl	1,5 cl